Isabella Beck

Einfach Nähen

Wohndeko, Geschenke & Accessoires

CHRISTOPHORUS

Inhalt

5 Nähen leicht gemacht
6 Die Werkzeuge
7 Die Stoffe
8 Gut zu wissen

Wohn-Deko
10 Tischdeko
12 Tischdecke
14 Wattierte Tischsets
16 Tischsets mit Briefecke
18 Tischläufer
20 Patchworkkissen
24 Kissen mit Spitze
26 Kissen mit Vorhang

Accessoires
30 Beutel & Täschchen
32 Einkaufstaschen
34 Jeanstasche
36 Tasche mit Brosche
38 Blumenbroschen
40 Perlenketten
42 Tasche mit Rüsche

Kleidung
44 Stulpen
46 Poncho & Schal
48 Chiffonschal
50 Tellerrock

Kleine Geschenke
52 Duftsäckchen
54 Schürzen mit Topflappen
56 Wärmflaschenhülle
58 Herzkissen
60 Zeitungshalter

62 Impressum

Nähen leicht gemacht

Schöne Sachen selbst zu nähen, ist nicht schwer. Mit den ausführlichen Anleitungen in diesem Buch und dem Grundkurs auf der DVD lernen Sie Schritt-für-Schritt die Grundlagen und werden schon recht schnell die ersten Erfolge sehen.

Isabella Beck ist 24 Jahre alt und Schneiderin.
Sie arbeitet in einem Modeatelier in Freiburg und möchte Modedesign studieren.

Hier zeige ich Ihnen, wie ein Tischset für das gemütliche Frühstück zu zweit, ein hübscher Vorhang, ein Kuschelkissen oder eine trendige Kette als tolles Accessoire zum passenden Outfit entstehen.

Ob Tischdecke, Kissen und Vorhänge, Einkaufstasche, Beutel und Brosche, Stulpen, Poncho, Schal und Tellerrock, Zeitungshalter, Wärmflaschenhülle und Schürze – alle Modelle sind ganz einfach zu nähen. Man braucht vor allem die Freude am Umgang mit Stoffen und ein wenig Mut und Geduld.

Ich bin Schneiderin geworden, weil ich mich schon immer für Mode interessiert habe und weil ich es toll finde, individuelle Modelle mit selbst gewählten Stoffen und Schnitten zu nähen. Sie werden sehen, es ist einfach ein schönes Gefühl, etwas ganz Einmaliges kreiert zu haben und man kann richtig stolz auf sich sein.

Viel Spaß und gutes Gelingen wünscht Ihnen Ihre

Ganz herzlichen Dank an die Firmen Westfalenstoffe, Pfaff und Prym für ihre Unterstützung!

Die Werkzeuge

Ein paar Dinge gibt es, die man unbedingt haben sollte, egal welches Nähprojekt man in Angriff nehmen möchte.

Dazu gehören:

• Nähmaschine
Haushaltsnähmaschinen werden von verschiedenen Herstellern in guter Qualität angeboten. Für welche Maschine Sie sich entscheiden, hängt davon ab, wie viel Geld Sie ausgeben möchten. Die Mitarbeiter in den Fachgeschäften beraten Sie gern.

• Ersatznadeln
für die Nähmaschine, die zur Dicke und Qualität des Stoffes passen. Nähmaschinennadeln gibt es in verschiedenen Stärken und es gibt spezielle Nadeln zum Nähen von Leder oder Jersey sowie Nadeln für spezielle Garne, wie z. B. Metallicgarne.

• Schere
Eine Schere für Stoff und eine für Papier. Das ist wichtig, da eine Schere, mit der Papier geschnitten wird, für Stoffe, besonders für dünne Chiffon- und Seidenstoffe, nicht mehr scharf genug ist.

• Maßband

• Stecknadeln

• Schneiderkreide, Phantomstift
Ein Phantomstift sieht zwar aus wie ein Filzstift, seine Farbe verschwindet aber nach einiger Zeit wieder.

• Weicher Bleistift

• Geodreieck
Praktisch ist ein großes mit einer 30 cm langen Kante.

• Reihgarn

• Nähnadeln

• Große Sicherheitsnadel
zum Wenden von Schlaufen etc.

• Bügeleisen

• Bügelunterlage

• Bügeltücher
Die braucht man, um z. B. Nähte an Wollstoffen auszubügeln. Ein feuchtes Tuch zwischen Bügeleisen und Stoff sorgt dafür, dass die Naht schön flach wird. Beim Aufbügeln von Vlieseline verhindert das Bügeltuch, dass Kleber an der Bügeleisensohle haften bleibt.

• Nähgarn,
passend zum Stoff

• Transparentpapier
zum Kopieren der Schnitte

Dann gibt es noch ein paar andere Dinge, die das Arbeiten erleichtern:

- Ein Handmaß – damit kann man z. B. beim Bügeln die Saumbreite sehr gut abmessen
- Ein Pfeiltrenner
- Ein Magnet als sicheren Platz für die Stecknadeln
- Eine Zickzack-Schere
- Ein Kopierrädchen
- Schneidematte, Rollschneider und Schneidelineal lohnen sich, wenn man oft gerade Streifen und Rechtecke zuschneidet, z. B. für Patchwork.

Die Stoffe

Zum Glück gibt es eine Riesenauswahl, sodass eigentlich jeder seinen Lieblingsstoff finden kann. Ansprechende Farben, eingewebte und aufgedruckte Muster, dünne und dicke, weich fließende und feste Stoffe – man sollte Stoff nicht nur mit den Augen, sondern auch mit den Händen aussuchen.

Es gibt verschiedene Materialien: Naturfasern wie Baumwolle, Leinen, Wolle oder Seide und synthetische Fasern, die je nach Zusammensetzung sehr unterschiedlich sein können.
Wichtig beim Material ist, dass es über die Wasch- und Trageeigenschaften des Stoffes entscheidet. Wer nicht gerne von Hand wäscht, sollte Wolle und Seide nur kaufen, wenn sie für die Maschinenwäsche ausgerüstet und geeignet sind.
Wer den Tellerrock von Seite 50 nähen möchte, sollte sich einen weich fallenden Stoff aussuchen. Vorhänge und Schals werden besonders schön und edel, wenn sie aus durchsichtigen Stoffen genäht werden.

Grundsätzlich gilt:
Alle Stoffe (insbesondere Naturfaserstoffe) sollte man vor dem Zuschnitt waschen, um späteres Einlaufen zu verhindern. Baumwollstoffe können bei der ersten Wäsche bis zu 10 % einlaufen. Dieser „Resteinsprung" muss schon beim Stoffkauf berücksichtigt werden. Wer sein selbst genähtes Stück nach dem Waschen in den Trockner stecken möchte, sollte unbedingt schon den Stoff im Trockner trocknen. Die Materialangaben des Buches beziehen sich immer auf den gewaschenen und fadengerade geschnittenen Stoff.

Fadengerade geschnitten bedeutet, dass die Schnittkante parallel zu den Fäden des Stoffes verläuft – im Idealfall also genau an einem Faden entlang. Manche Stoffe, wie dünne Baumwollstoffe in Leinwandbindung, lassen sich gut reißen. Dazu schneidet man sie an der Webkante etwa 1 – 2 cm ein und reißt den Stoff dann bis zur anderen Webkante durch.
Die Webkante ist die seitliche Abschlusskante des Stoffes. Oft unterscheidet sie sich in Festigkeit und Struktur vom restlichen Stoff, sodass man sie in den Zuschnitt nicht einbeziehen sollte.

Der Fadenlauf verläuft parallel zur Webkante. Ist der Fadenlauf im Schnitt eingezeichnet, muss man ihn beim Zuschneiden beachten. Stoffe dehnen sich in schräger Richtung zum Fadenlauf stärker, so dass der Stoff anders fällt, wenn er nicht im Fadenlauf zugeschnitten wird.

Stoffe mit haariger Oberfläche – also Nicki, Cord, Samt etc. – haben eine Strichrichtung. Wenn man parallel zur Webkante über den Stoff streicht, legen sich die Fasern in der einen Richtung glatt an den Stoff. Dies ist die Strichrichtung. Streicht man gegen den Strich über den Stoff, sträuben sich die Fasern. Bei Stoffen mit Strichrichtung müssen immer alle Teile in einer Richtung zugeschnitten werden. Samt wird immer gegen den Strich, alle anderen Stoffe werden mit dem Strich zugeschnitten.

Gut zu wissen

Schnitte übertragen

Es gibt mehrere Möglichkeiten, die Schnitte vom Musterbogen zu übertragen.
Transparentpapier kann man über den Schnittbogen legen und die Konturen mit einem Bleistift nachfahren.
Auf einer Schneidematte oder einer anderen festen Unterlage kann man den Schnittbogen auf festeres Papier legen und die Konturen mit dem Kopierrädchen nachfahren.
Die Endpunkte von Abnähern und andere wichtige Punkte im Schnittteil markiert man mit einem Heftfaden, den man durch Schnitt und Stoff zieht. Dann nimmt man den Schnitt weg und sichert den Heftfaden zu beiden Seiten des Stoffes mit Knoten.
Markierungen an den Schnittkanten, z. B. den Anfang eines Abnähers, markiert man durch kleine, 2 – 3 mm große, Einschnitte an der Kante.

Um viele gleiche Teile zuzuschneiden, wie für die Blumenbroschen auf Seite 38, lohnt es sich, von dem Schnitt eine Schablone aus dünner Pappe anzufertigen. Dazu klebt man das durchgepauste Transparentpapier auf den Karton, arbeitet mit dem Kopierrädchen oder überträgt den Schnitt mit Pauspapier direkt auf den Karton.

Stoffbruch

Als Stoffbruch bezeichnet man die Kante, an der der Stoff gefaltet wird. Große Teile, wie z. B. die Taschen von Seite 34 und 36, werden oft im Stoffbruch zugeschnitten. Der Schnitt ist dann nur halb so groß wie das fertig zugeschnittene Teil und muss auf dem gefalteten Stoff an die Bruchkante gelegt werden.

Versäubern

Die Schnittkanten des Stoffes werden versäubert, um ein Ausfransen zu verhindern. Man kann den Stoff mit dem Zickzackstich der Nähmaschine (manche Nähmaschinen haben sogar einen speziellen Overlockstich) versäubern. Es gibt auch Overlockmaschinen, mit denen man schneller und komfortabler arbeiten kann. Manchmal reicht es auch, den Stoff mit einer Zackenschere zuzuschneiden. Gewalkte Wollstoffe und Filze können nicht ausfransen und müssen nicht versäubert werden.

Einlagestoffe

Zum Verstärken und Wattieren der Stoffe gibt es viele verschiedene Vliesqualitäten. Das passende Vlies sollte man gleich im Geschäft zusammen mit dem Stoff aussuchen. Die meisten Vliesstoffe kann man auf den Stoff aufbügeln. Wie lange, bei welcher Temperatur und ob die Einlagestoffe mit oder ohne Feuchtigkeit aufgebügelt werden müssen, wird vom Hersteller jeweils angegeben. Beim Aufbügeln immer ein Tuch zwischen Bügeleisen und Stoff legen, sodass das Bügeleisen nicht verklebt.

Rechts auf rechts

Die Oberseite des Stoffes, also z. B. die bedruckte Seite, wird auch als rechte Seite bezeichnet, die Unterseite entsprechend als linke Seite. Sollen zwei Teile rechts auf rechts aufeinander genäht werden, werden die Teile mit den Stoffoberseiten gegeneinander gelegt.

Quernadeln

Bevor man zwei Teile zusammennäht, sollte man sie mit Heftstichen oder Stecknadeln fixieren. Werden die Stecknadeln senkrecht zum Nahtverlauf durch den Stoff gestochen (= Quernadeln), kann man mit der Nähmaschine über sie hinweg nähen.

Schlaufen wenden

Um Schlaufen oder Schläuche, z. B. für die Ketten auf Seite 40, zu wenden, befestigt man an einem Ende des Schlauchs eine große Sicherheitsnadel. Dann wird die Nadel durch den Schlauch geschoben.

Einkräuseln

Um den Stoff einzukräuseln, näht man zwei Steppnähte mit relativ großem Stich mit etwa 0,5 cm Abstand zu beiden Seiten der späteren Naht. Dann zieht man an beiden Unterfäden, sodass sich der Stoff kräuselt. Die kleinen Fältchen werden gleichmäßig verteilt. Erst nachdem das Kräuselteil mit den anderen Teilen verbunden ist –

hierbei näht man zwischen den Kräuselfäden – werden die Kräuselfäden wieder entfernt. Manchmal reicht auch ein Kräuselfaden, z. B. beim Einkräuseln des Bandes am Kissen auf Seite 24.

Schrägband

1. Möglichkeit

Das vorgefalzte Schrägband, auch Einfassband genannt, wird noch einmal gefaltet und gebügelt, dabei liegen die Bruchkanten des Bandes aber nicht ganz genau aufeinander, sondern die untere Kante steht etwa 1 – 2 mm weit über.

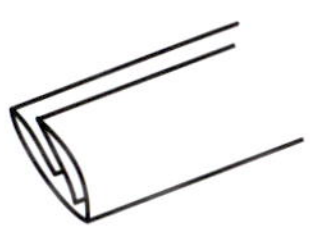

Das gebügelte Band wird nun um die Stoffkante gelegt und knapp abgesteppt, die breitere Seite des Bandes liegt dabei unten.

2. Möglichkeit

Das vorgefalzte Band wird auseinander gefaltet und mit einer Schnittkante auf der linken Stoffseite an die Stoffkante gesteckt. Dann wird das Band aufgenäht, die Naht verläuft in der Bruchkante. Jetzt wird das Band um die Stoffkante gelegt, sodass es die erste Naht knapp verdeckt. Die Bruchkante des Bandes wird knapp abgesteppt.

Die Enden des Schrägbandes werden immer nach innen eingeschlagen und mit abgesteppt.
Wird das Band um Rundungen genäht, wird die Außenkante des Bandes gedehnt, sodass die Innenkante glatt auf dem Stoff liegt.

Tischdeko

Abbildung Seite 10/11

Serviettenringe

MATERIAL für 2 Ringe

- *bedruckter Baumwollstoff, 90 cm breit: 15 cm*
- *Schabrackeneinlage S 520, 90 cm breit: 10 cm*

ZUSCHNITT

Aus dem Stoff 2 Streifen à 11 x 35 cm, aus der Einlage 2 Streifen à 5 x 17 cm zuschneiden.

NÄHEN

Den Stoffstreifen in der Länge rechts auf rechts falten und mit 0,5 cm Nahtbreite absteppen. Den Streifen mithilfe einer Sicherheitsnadel wenden und bügeln.

Einen Einlagestreifen mit einer Sicherheitsnadel in den Stoffschlauch ziehen. Der Stoff wird dabei zusammengeschoben.

Am Anfang und Ende des Streifens die Einlage mit Zickzack-Stichen fixieren, dabei die Stoffkanten versäubern. Den Streifen mit Zickzack-Stichen zum Ring zusammennähen.

Tischdeko

Material und Anleitung siehe Seite 9 und 12.

Tischdecke

MATERIAL

- *fester, bedruckter Baumwollstoff, 115 cm breit: 1 m*
- *vorgefalztes Baumwollschrägband, 30 mm, Falzung 60/30, fertige Breite 15 mm: 410 cm*

Größe: ca. 1 x 1 m

ZUSCHNITT

Ein fadengerades Quadrat in der Größe 1 x 1 m zuschneiden. Die Ecken nach Wunsch abrunden.

NÄHEN

Einfassband nach einer der Methoden wie auf Seite 9 beschrieben um den Stoff nähen.

Tischdeko

Abbildung Seite 10/11

Partnerset

MATERIAL

- *fester, bedruckter Baumwollstoff, 140 cm breit: 50 cm*
- *vorgefalztes Baumwollschrägband, 20 mm, Falzung 40/20, fertige Breite 10 mm: 390 cm*

Größe: ca. 50 x 140 cm

ZUSCHNITT

Ein fadengerades Rechteck in der Größe 50 x 140 cm zuschneiden.

NÄHEN

Einfassband nach einer der Methoden wie auf S. 9 beschrieben um den Stoff nähen, dabei an einer Ecke beginnen.

Das Band bis zur nächsten Ecke schmal absteppen, das Nahtende verriegeln. (siehe Abb. 1)

Dann eine „Briefecke" legen (siehe Abb. 2) und die nächsten Seiten entsprechend absteppen.

An der letzten Ecke das Bandende im 45° Winkel einschlagen, sodass alle Ecken gleich aussehen. (siehe Abb. 3)

Servietten

MATERIAL für 2 Servietten

- *Baumwollstoff, 90 cm breit: 45 cm*

Für die Servietten Baumwollstoff 41 x 41 cm groß zuschneiden. Alle Schnittkanten 2-mal 0,5 cm breit nach links umbügeln und knapp absteppen.

Abb. 1

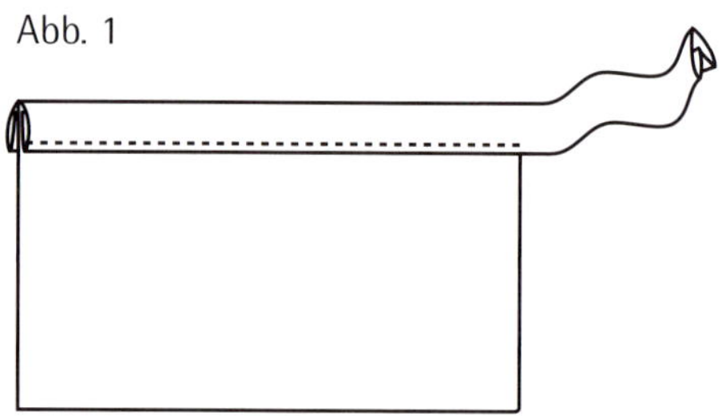

Abb. 2

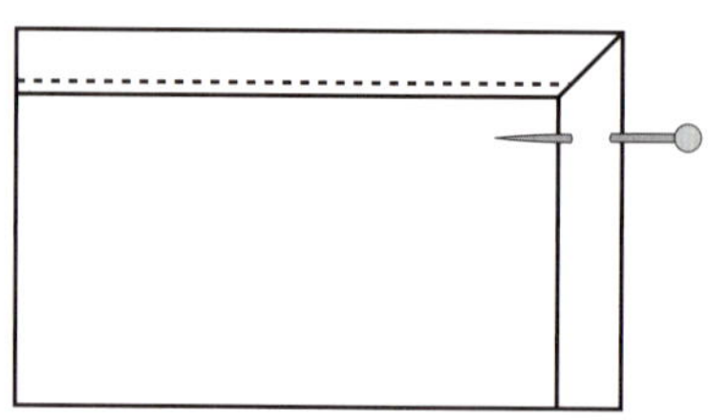

Abb. 3

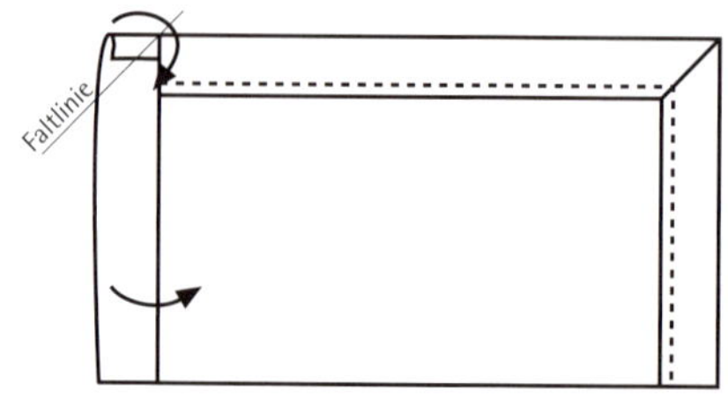

Wattierte Tischsets

MATERIAL für beide Sets

- *mittelstarker Baumwollstoff, 140 cm breit, bedruckt oder uni: 45 cm*
- *Vlieseline H 640, 90 cm breit: 35 cm*
- *Baumwollzackenlitze: 3,2 m*

Schnittmuster 1

Größe: ca. 43 x 33 cm

NÄHEN

Aus dem Stoff 4 Rechtecke à 35 x 45 cm zuschneiden. Die Vlieseline in 2 Stücke à 35 x 45 cm teilen und auf die linke Seite von 2 Stoffrechtecken bügeln.

Gewünschte Stepplinien (hier diagonales Gitter und Streifen mit einem Abstand von 5 cm) auf die Vlieseline aufzeichnen und steppen. Stoffteile mithilfe des Schnitts exakt zuschneiden.

Je 1 wattiertes und 1 einfaches Stoffteil rechts auf rechts aufeinander stecken und mit 1 cm Nahtbreite aufeinander nähen. Zum Wenden eine 10 cm breite Öffnung lassen.

An den Rundungen die Nahtzugabe in Abständen von ca. 0,5 cm bis kurz vor die Naht einschneiden. Sets wenden. Kanten ausbügeln. Wendeöffnung mit Staffierstichen (siehe Abb. unten) schließen.

Zackenlitze an den Rand der Sets stecken, die Enden der Litze gegeneinander einschlagen. Litze aufsteppen.

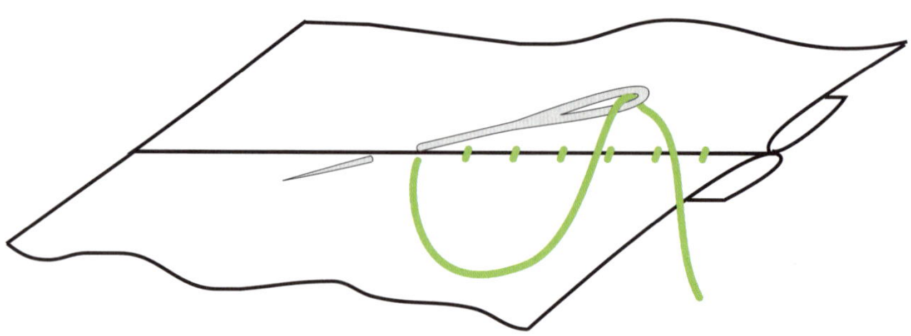

Tischsets mit Briefecke

Material und Anleitung
siehe Seite 18.

Tischläufer

MATERIAL

- *Baumwollstoff, 140 cm breit: 50 cm*

Größe: ca. 40 x 100 cm

ZUSCHNITT

1 Rechteck à 60 x 120 cm zuschneiden.

NÄHEN siehe „Tischsets".

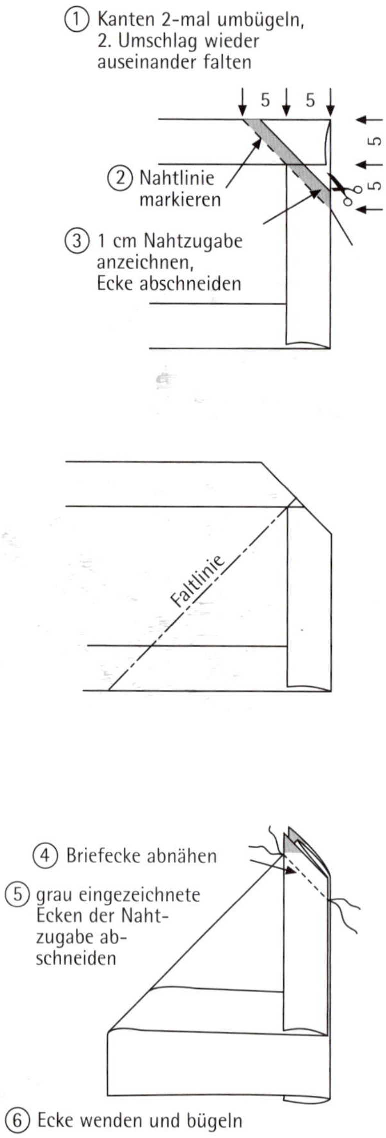

Tischsets

Abbildung Seite 16/17

MATERIAL für beide Sets

- *grüner Baumwollstoff, 140 cm breit: 55 cm*
- *nach Wunsch Blumenapplikationen zum Aufbügeln*

Größe: ca. 42 x 32 cm

ZUSCHNITT

2 Rechtecke à 62 x 52 cm zuschneiden.

NÄHEN

Alle Kanten je 2-mal 5 cm nach rechts umbügeln.

Mithilfe der nebenstehenden Abbildungen Briefecken nähen.

Den Saum schmal absteppen.

Nach Wunsch fertige Applikationen auf den Saum der Sets bügeln (Herstellerangaben beachten).

Patchworkkissen

Abbildung Seite 21

Kleines Kissen

MATERIAL

- *Baumwollstoffe in 2 verschiedenen Mustern: je 10 x 50 cm*
- *unifarbener Baumwollstoff für die Rückseite: 20 x 50 cm*
- *Borte, ca. 1 cm breit: 80 cm*

Schnittmuster 2 + 3

Größe: ca. 21 x 21 cm

ZUSCHNITT

Schnittteile 2 + 3 vom Bogen abnehmen.
Teil 2 + 3 je 1-mal aus jedem gemusterten Stoff zuschneiden.
Für die Rückseite aus dem unifarbenen Stoff 2 Rechtecke à 23 x 19,5 cm zuschneiden.

NÄHEN

Für die Rückseite an den beiden Rechtecken je eine Längskante 2-mal 1,5 cm nach links umbügeln und absteppen.

Für den Hotelverschluss die beiden Rechtecke links auf rechts übereinander legen, sodass die Rechtecke mit den abgesteppten Kanten 10 cm weit übereinander liegen und insgesamt eine Rückseite in der Größe 23 x 23 cm entsteht.

Die beiden Teile an den Seiten 0,5 cm breit aufeinander nähen. Alle Schnittkanten versäubern.

Vorderseite zusammennähen, dabei die Teile jeweils rechts auf rechts aufeinander legen und mit 1 cm Nahtbreite steppen.

Nahtzugaben auseinander bügeln. Borte genau auf die Nähte steppen.

Vorder- und Rückseite rechts auf rechts aufeinander stecken und mit 1 cm Nahtbreite ringsum zusammensteppen.

Kissen wenden. Wenn man die Nahtzugabe an den Ecken entlang der Naht einschlägt, lassen sich die Ecken leichter wenden. Kanten bügeln.

Kissen mit Spitze

Abbildung Seite 25

Hinteres Kissen

MATERIAL

- *bedruckter Baumwollstoff, 115 cm breit: 50 cm*
- *Spitze, ca. 2,5 cm breit: 1,90 m*
- *Klettband, 2 cm breit: 20 cm*

Größe: 46 x 46 cm,
Kissenfüllung = 40 x 40 cm

ZUSCHNITT

1 Rechteck à 48 x 102 cm zuschneiden.

NÄHEN

Längskanten des Rechtecks versäubern. Die Schmalseiten je 2-mal 2 cm nach links umbügeln und absteppen (= Blende, Abb. 1).

Das Klettband mittig auf die Blenden steppen, 1-mal auf die Innen- und 1-mal auf die Außenseite.

Blenden rechts auf rechts aufeinander „kletten", dabei das Rechteck so falten, dass die Blende etwa 10 cm unterhalb der Bruchkante liegt (siehe Abb. 2).

Seitenkanten mit 1 cm Nahtbreite aufeinander steppen.

Kissen wenden. Wenn man die Nahtzugabe an den Ecken entlang der Naht einschlägt, lassen sich die Ecken leichter wenden. Kanten und Ecken ausbügeln. Oben und unten einen Bruch in den Stoff bügeln, sodass ein 46 x 46 cm großes Kissen entsteht.

Stehblende mithilfe des Kantenlineals der Nähmaschine 2,5 cm breit absteppen. Alternativ die Nahtlinie mit Phantomstift oder dünner Kreidelinie anzeichnen.

Spitze entlang der Blendennaht feststecken, an einer Ecke beginnen. An den anderen Ecken die Spitze an der Außenkante am Eckpunkt feststecken und das entstehende Dreieck nach innen einschlagen (siehe Abb. 3). Das Ende der Spitze schräg über dem Anfang einschlagen, sodass alle Ecken gleich aussehen.

Spitze am Innenrand und knapp unterhalb der Bogenkante aufsteppen.

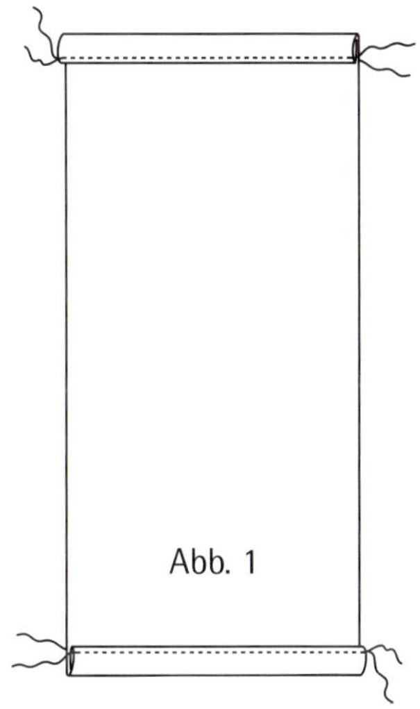
Abb. 1

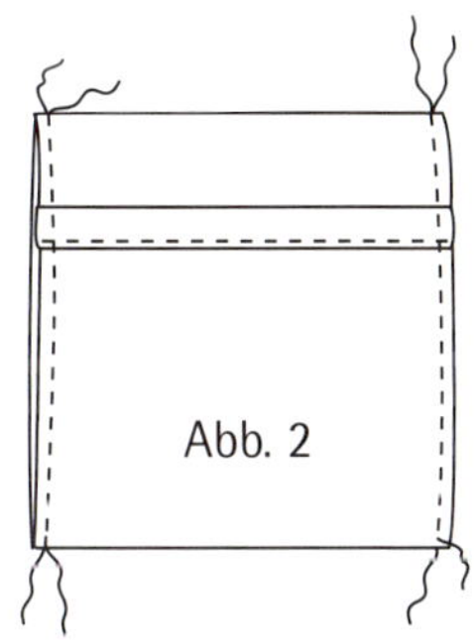
Abb. 2

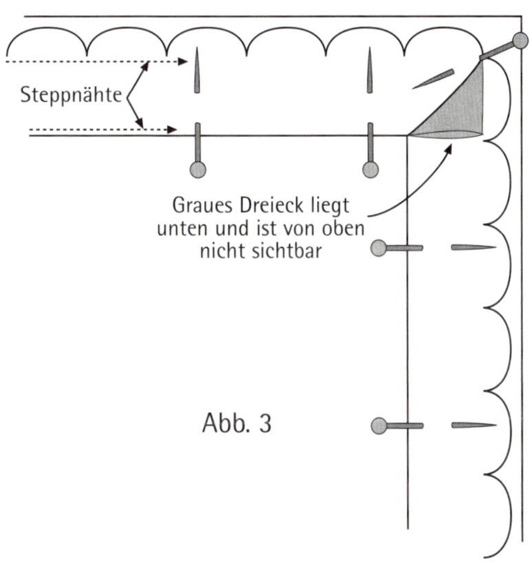

Abb. 3

Kissen mit Spitze

Vorderes Kissen

MATERIAL

- *unifarbener Baumwollstoff, 90 cm breit (Stoff A): 50 cm*
- *Baumwollstoff mit Batikmuster, 140 cm breit (Stoff B): 20 cm*
- *Organzaband für die Rüsche, ca. 1,5 cm breit: 1,3 m*

Größe: 41 x 41 cm

ZUSCHNITT

Stoff A:
1 Rechteck à 43 x 15,6 cm für die Vorderseite;
je 1 Rechteck à 43 x 41 cm und 43 x 30 cm für die Rückseite;
Stoff B:
2 Rechtecke à 43 x 15,6 cm für die Vorderseite

NÄHEN

Für die Rückseite an den beiden Rechtecken je eine Längskante 2-mal 2 cm nach links umbügeln und absteppen.

Für den Hotelverschluss das große Rechteck über das kleine legen (links auf rechts), sodass die beiden Teile mit den abgesteppten Kanten 20 cm übereinander liegen und insgesamt eine Rückseite in der Größe 43 x 43 cm entsteht.

Die beiden Teile an den Seiten 0,5 cm breit aufeinander nähen. Alle Schnittkanten versäubern.

Streifen für die Vorderseite rechts auf rechts mit 1 cm Nahtbreite an den Längskanten zusammennähen, unifarbener Streifen liegt in der Mitte.

Nahtzugaben auseinander bügeln.

Das Rüschenband in 2 Hälften teilen. Jeweils mit der Stichlänge 3 – 4 in der Mitte des Bandes nähen. Den Ober- oder Unterfaden bis auf eine Länge von 43 cm anziehen, sodass sich das Band kräuselt.

Rüschen auf die Nähte in der Vorderseite stecken und in der Kräuselstepplinie fest steppen.

Vorder- und Rückseite rechts auf rechts aufeinander stecken und mit 1 cm Nahtbreite ringsum zusammensteppen.

Kissen wenden. Wenn man die Nahtzugabe an den Ecken entlang der Naht einschlägt, lassen sich die Ecken leichter wenden. Kanten bügeln.

Material und Anleitung für das hintere Kissen siehe Seite 22/23.

Kissen mit Vorhang

Vorhang

MATERIAL

- *Leichter Vorhangstoff*
Die benötigte Menge ergibt sich aus der Vorhanggröße zzgl. der Rechtecke für die Schlaufen.

ZUSCHNITT

Für die Höhe die gewünschte Länge des Vorhangs ab der Vorhangstange messen (z. B. = 165 cm). Hiervon werden 10 cm für die Höhe der Schlaufen abgezogen und 16 cm für einen 8 cm breiten Saum dazugerechnet:
165 cm - 10 cm + 16 cm = 171 cm.

Damit der Vorhang in Falten hängt, die gewünschte Breite (z. B. 50 cm) mit 3 multiplizieren und 2 - 4 cm für die Säume an den Seitenkanten dazugeben:
50 cm x 3 + 4 cm = 154 cm.

Ein Rechteck mit den errechneten Maßen zuschneiden. Reicht die Stoffbreite nicht aus, müssen 2 oder mehrere Bahnen zusammengesetzt werden.

Für die Schlaufen (hier 11 Stück) jeweils Rechtecke à 14 x 28 cm zuschneiden. Der Abstand zwischen den Schlaufen sollte nicht größer als 15 cm sein.

NÄHEN

Falls die Seitenkanten des Vorhangs Webkanten sind, diese 1 cm breit nach links umbügeln, Schnittkanten 2-mal 1 cm breit umbügeln. Dann die Seitenkanten 0,5 cm breit absteppen.

An der Unterkante für den Saum 2-mal 8 cm umbügeln, feststecken und knapp absteppen.

An den Rechtecken für die Schlaufen jeweils die Längskanten rechts auf rechts aufeinander legen und mit 1 cm Nahtbreite zusammennähen.

Schlaufen wenden und so bügeln, dass die Naht an einer Seite liegt.

Die Oberkante des Vorhangs 1 cm und 3 cm breit umbügeln und wieder auseinander falten. (s. Abb. 1)

Die Schlaufen zur Hälfte legen, sodass die offenen Kanten aufeinander liegen und mit diesen offenen Kanten mit den gewünschten Abständen an die Oberkante des Vorhangs nähen. (s. Abb. 2)

Oberkante wieder 1 cm und 3 cm breit einschlagen, Schlaufen ebenfalls 1 cm breit umbügeln, Umschlag feststecken und zu beiden Seiten schmal absteppen. (s. Abb. 3)

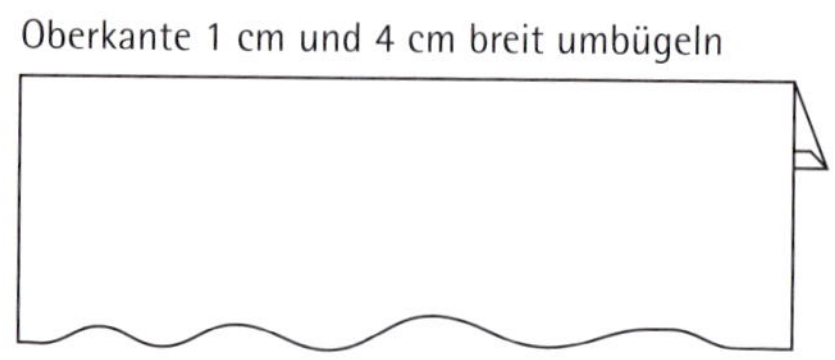

Abb. 1

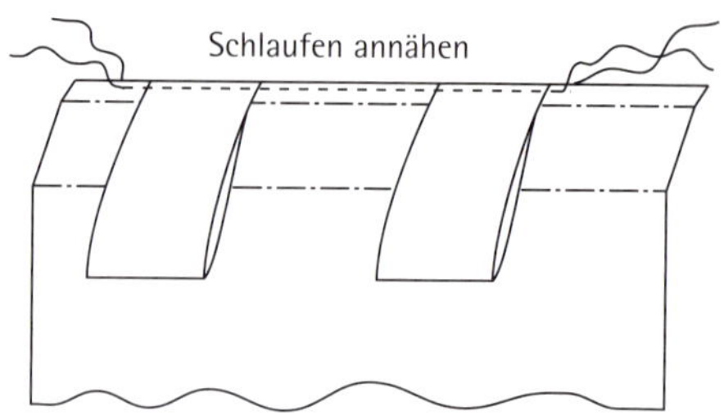

Abb. 2

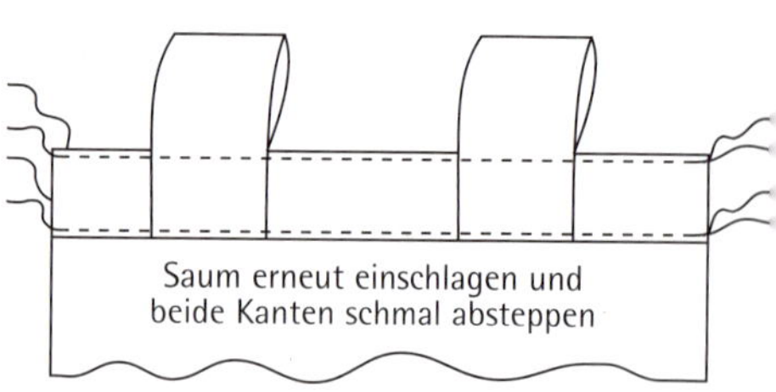

Abb. 3

Material und Anleitung für das Kissen siehe Seite 28.

Kissen

Abbildung Seite 27

MATERIAL

- *fester, bedruckter Baumwollstoff, 115 cm breit: 50 cm*
- *Satinband, 12 mm breit: 2 m*
- *1 Reißverschluss, 30 cm lang*

Größe: ca. 46 x 46 cm,
Kissenfüllung = 40 x 40 cm

ZUSCHNITT

Für die Vorderseite ein Quadrat à 48 x 48 cm zuschneiden.

Für die Rückseite 1 Rechteck à 48 x 16 cm und 1 Rechteck à 48 x 36 cm zuschneiden.

NÄHEN

Alle Schnittkanten versäubern.

Für die Rückseite die beiden Rechtecke an einer Längskante mit 2 cm Nahtbreite zusammennähen. Dabei jeweils nur 9 cm rechts und links nähen, die Mitte frei lassen.

Nahtzugaben auseinander bügeln.

Reißverschluss mit Reihfaden unter den Schlitz heften, sodass die Zähnchenreihe genau unter der Naht liegt.

Mit dem Reißverschlussfuß den Reißverschluss mit 6 mm Abstand zum Schlitz rundherum festnähen, dabei an den Schlitzenden jeweils quer über das Reißverschlussband nähen.

Vorder- und Rückseite rechts auf rechts aufeinander stecken und mit 1 cm Nahtbreite rundherum absteppen.

Kissen wenden. Wenn man die Nahtzugabe an den Ecken entlang der Naht einschlägt, lassen sich die Ecken leichter wenden.

Kanten bügeln.

Für die Stehblende das Kissen rundherum mit 3 cm Abstand zur Kante absteppen.

Entlang dieser Steppnaht das Satinband auf die Blende heften, dabei an einer Ecke beginnen. An der nächsten Ecke das Satinband an der Außenkante im 90° Winkel um die Ecke legen. Dabei an der Innenkante eine Falte legen, die wie eine Briefecke aussieht. (s. Abb. links)

Das Satinbandende an der letzten Ecke im Winkel von 45° einschlagen, damit alle Ecken gleich aussehen.

Das Satinband an beiden Seiten schmal absteppen.

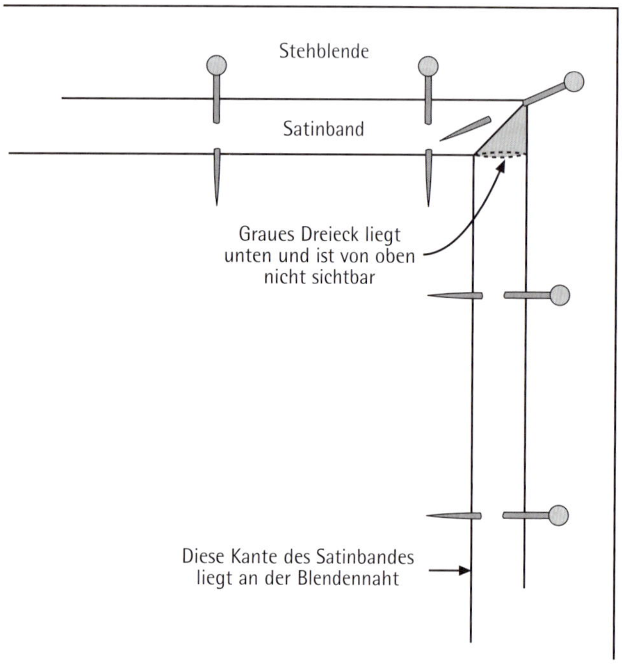

Täschchen

Abbildung Seite 31

MATERIAL

- *fester Baumwollstoff: 20 x 35 cm*
- *Fransenborte, 5 cm breit: 16 cm*
- *1 Reißverschluss, 15 cm lang*
- *farblich passendes Satinband, 5 mm breit: 1,2 m*

Größe: 14 x 16,5 cm

ZUSCHNITT

2 Rechtecke à 16 x 18,5 cm zuschneiden.

NÄHEN

Alle Schnittkanten versäubern.

Oberkanten (= Schmalseiten) 1 cm breit nach links umbügeln.

Die beiden Rechtecke mit der Bruchkante an den Reißverschluss stecken, dabei liegt die Bruchkante jeweils dicht neben der Zähnchenreihe des Reißverschlusses.

Reißverschluss 1 cm ab und bis 1 cm vor der Seitenkante mit dem Reißverschlussfuß etwa 3 mm von der Bruchkante entfernt fest steppen. Die Naht geht nicht bis zum Ende des Reißverschlusses.

Fransenborte an die Unterkante eines Rechtecks nähen. Die Fransenborte wird auf die rechte Stoffseite genäht, die Fransen zeigen zum Reißverschluss. (siehe Abb. unten) Das Satinband 1,5 cm unterhalb des Reißverschlusses an den Seitenkanten festnähen. (siehe Abb. unten)

Die Rechtecke rechts auf rechts aufeinander stecken und an den Seiten- und der Unterkante 1 cm breit absteppen, dabei den Reißverschluss etwas öffnen.

Nahtzugaben über einem Ärmelbrett auseinander bügeln, Tasche wenden.

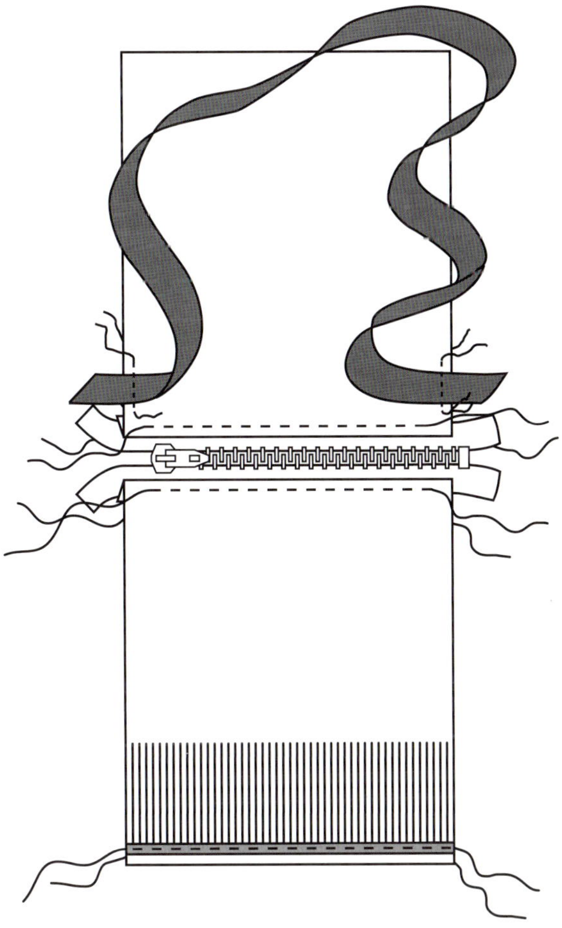

Beutel & Täschchen

MATERIAL für einen Beutel

- *bedruckter Baumwollstoff, mindestens 94 cm breit: 40 cm*
- *passende Kordel, Ø ca. 5 mm, oder Satinband, 5 mm breit: 3,1 m*
- *Ripsband, 4 cm breit: 75 cm (nur für den türkisfarbenen Beutel)*

Größe: ca. 36 x 42 cm

ZUSCHNITT

Den Stoffstreifen auf die Größe 38 x 94 cm zuschneiden. Die Kordel bzw. das Band in der Mitte teilen.

NÄHEN

Die Schmalseiten links auf links aufeinander legen und die Bruchkante bügeln (= Beutelboden). Für den Tunnel die Schmalseiten jeweils 2-mal 2,5 cm breit nach links umbügeln, wieder auseinander falten.

Für den türkisfarbenen Beutel vom Ripsband 11 cm abschneiden. Ripsband zur Schleife legen (siehe Abb. unten).
Zum Schluss das kurze Ripsbandstück um die Schleifenmitte legen und auf der Rückseite von Hand festnähen.
Das Ripsband mit 3 cm Abstand zum Boden auf die Beutelvorderseite nähen, dabei beide Kanten des Bandes ab der Schleife nach rechts und links schmal absteppen.

An beiden Beuteln die Seitenkanten (= Längskanten) versäubern.

Stoff rechts auf rechts zur Hälfte falten, sodass die Schmalseiten aufeinander liegen.

Seitenkanten mit 1 cm Nahtbreite absteppen, dabei 5,25 cm weit ab der oberen Kante steppen, verriegeln und 2 cm Naht offen lassen. Dann wieder ansetzen, verriegeln und bis 1 cm vor der Bruchkante am Boden weiternähen.

Nahtzugaben auseinander bügeln. Tunnel nach links umlegen, eventuell über den Nähten noch einmal bügeln und rundherum knapp absteppen.

Die 1. Kordel bzw. das 1. Bandstück mithilfe einer Sicherheitsnadel durch den Tunnel ziehen, sodass beide Enden aus der gleichen Öffnung herauskommen.

Kordel bzw. Bandenden durch die zentimetergroße Öffnung am Boden schieben, dann die Naht bis zum Stoffbruch schließen.

Die 2. Kordel bzw. das 2. Bandstück entsprechend auf der anderen Seite des Beutels anbringen, damit der Gegenzug entsteht.

Beutel wenden und die Kanten bügeln.

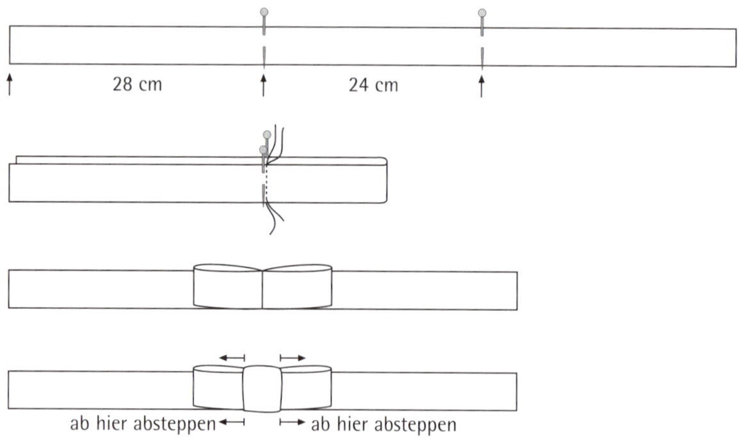

Material und Anleitung für das Täschchen siehe Seite 29.

Einkaufstaschen

MATERIAL

- *fester Baumwollstoff, 140 cm breit: 45 cm*
- *falls gewünscht Satinband, 5 mm breit: 100 cm (Tasche in Lila)*
- *oder Satinband, 5 und 15 mm breit: je 2,5 m*
- *Blumenapplikation zum Aufbügeln (gelbe Tasche)*

Größe: 30 x 37 cm

ZUSCHNITT

Je Tasche 1 Rechteck à 82 x 32 cm zuschneiden. Für die Henkel einen Streifen à 10 cm über die gesamte Stoffbreite zuschneiden.

NÄHEN

Am Streifen für die Henkel die Längskanten rechts auf rechts aufeinander legen und mit 1 cm Nahtbreite zusammennähen.
Schlauch mithilfe einer Sicherheitsnadel wenden und so bügeln, dass die Naht an einer Seite liegt.

Den Streifen halbieren.

Die Oberkanten der Tasche (= Schmalseiten) 2-mal 2 cm breit umbügeln und wieder auseinander falten.

Taschenrechteck rechts auf rechts zur Hälfte legen, sodass die Oberkanten aufeinander liegen und die Seitennähte mit 1 cm Nahtbreite steppen.

Nahtzugaben zusammen versäubern.

Die Tasche wenden, Ecken und Kanten bügeln.

Mit einem Abstand von je 7 cm zur Seitennaht die Schnittkanten der Henkel an die Schnittkante der Taschenoberkante stecken und schmal aufnähen.

Die Henkel werden nach dem gleichen Prinzip angenäht wie die Schlaufen des Vorhangs, siehe Abb. 1 bis Abb. 3 Seite 26.

Die Oberkante wieder 2-mal 2 cm breit einschlagen, Henkel ebenfalls 2 cm breit umbügeln. Den Umschlag feststecken und zu beiden Seiten schmal absteppen, dabei darauf achten, dass die Henkel im rechten Winkel zur Taschenoberkante liegen.

An der lilafarbenen Tasche das Satinband über die untere Naht des Umschlags nähen. Dabei für die Schleife am Anfang 20 cm Band hängen lassen, unterhalb eines Henkels ansetzen und das Band rundum an beiden Kanten schmal absteppen.

Die Bandenden zur Schleife binden.

An der gelben Tasche die Bänder jeweils in 4 Stücke teilen und um die Henkel binden.

Die Blumenapplikation aufbügeln.

Jeanstasche

MATERIAL

- *Jeanstoff, 140 cm breit: 80 cm*
- *Fransenborte, ca. 5,5 cm breit: 75 cm*
- *Taschenbügel in Schwarz, z. B. „Marilyn" von Prym, 145 x 110 mm*

Schnittmuster 4

Größe: ca. 40 x 46 cm

ZUSCHNITT

Das Schnittteil 4-mal im Stoffbruch zuschneiden.
Für die Schlaufen am Bügel 4 Rechtecke à 3,5 x 8 cm zuschneiden.

NÄHEN

Die Taschenteile an den Rundungen zwischen den Sternchen etwas einkräuseln. (siehe Seite 8)

Fransenborte zwischen den Markierungen von Nahtzahl 1 über 2 bis 1 auf die rechte Seite eines Taschenteils stecken und annähen.

Je 2 Taschenteile rechts auf rechts aufeinander stecken und von Nahtzahl 1 über 2 bis 1 mit 1 cm Nahtbreite zusammensteppen. An den Taschenteilen ohne Fransenborte (= Futter) unten eine Wendeöffnung lassen (siehe Schnitt).

Die Rechtecke für die Schlaufen mit den Längskanten rechts auf rechts aufeinander legen und mit 0,5 cm Nahtbreite steppen.

Schlaufen mithilfe einer Sicherheitsnadel wenden, sodass die Naht an einer Seite liegt. Schlaufen bügeln und durch die Taschengriffe fädeln.

Taschenbügel mit den Schlaufen mittig an die Oberkante des Taschenteils mit Fransen stecken, sodass die Schnittkanten übereinander und die Taschenbügel auf dem Stoff liegen. Die Schlaufen liegen im rechten Winkel zur Taschenoberkante.

Schlaufen mit 1 cm Nahtbreite festnähen.

Taschenteil mit Fransen und Futter rechts auf rechts ineinander schieben und die Taschenoberkanten (1 – 3 – 1) mit 1 cm Nahtbreite absteppen.
Nahtzugabe an den oberen Ecken (siehe Schnitt) zurückschneiden.

Tasche durch die Öffnung im Futter wenden. Kanten bügeln bzw. mit den Fingern formen.
Taschenoberkante schmal absteppen.

An der Wendeöffnung die Nahtzugaben nach links einschlagen und die Bruchkanten schmal aufeinander steppen.

Material und Anleitung für das Handytäschchen siehe Seite 36.

Tasche mit Brosche

MATERIAL

- *Baumwollsamt: 80 x 40 cm*
- *Futterstoff: 80 x 40 cm*
- *Ringförmige Taschengriffe, z. B. „Peggy" von Prym*

Schnittmuster 5

Größe: 33 x 38 cm

ZUSCHNITT

Schnittteil je 2-mal im Stoffbruch aus Samt und Futter zuschneiden.

NÄHEN

Stepplinie am Taschengriff mit Phantomstift auf die rechte Stoffseite der Taschenteile zeichnen, vorsichtshalber den Marker zuerst an einem Stoffrest testen.

Die beiden Teile für Tasche und Futter jeweils rechts auf rechts aufeinander stecken und von Nahtzahl 1 über 2 bis 1 mit 1 cm Nahtbreite steppen, dabei im Futter eine Wendeöffnung lassen.

Futter und Tasche rechts auf rechts ineinander schieben und mit 1 cm Nahtbreite steppen.
(Nahtzahlen 1 – 3 – 1 – 3 – 1)

Nahtzugaben an den Rundungen bis kurz vor die Naht einschneiden und an den Ecken abschneiden.
(s. Schnitt)

Tasche wenden und die Nähte ausbügeln.

An der Wendeöffnung die Nahtzugaben nach links einschlagen und die Bruchkanten schmal aufeinander steppen.

Taschenoberkanten jeweils um einen Taschenring legen, dabei die Oberkante 4 cm breit nach links falten und heften.

Umschlag entlang der Trickmarker-Markierung absteppen.

Blume aufnähen.

Material und Anleitung für die Blumenbrosche siehe Seite 38.

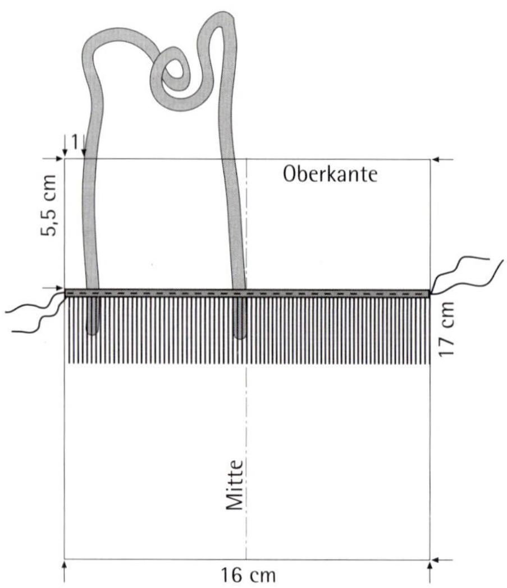

Jeanstasche

Abbildung Seite 35

Handytäschchen

MATERIAL

- *Rest Jeansstoff: 16 x 17 cm*
- *Satinband, 0,5 cm breit: 110 cm*
- *Fransenborte, ca. 5,5 cm breit: 16 cm*

Größe: 7 x 12 cm

ZUSCHNITT

1 Rechteck à 16 x 17 cm zuschneiden.

NÄHEN

Zuerst die Enden des Satinbands und dann die Fransenborte auf das Rechteck stecken und nähen. (siehe Abb. links)

Die Oberkante 2-mal 2 cm breit nach links umbügeln und wieder auseinander falten. Das Rechteck rechts auf rechts zur Hälfte falten, sodass die Seitenkanten aufeinander liegen.

Seiten- und Unterkante mit 1 cm Nahtbreite steppen, dabei darauf achten, dass das Satinband nicht mitgefasst wird.

Tasche wenden und die Nähte ausbügeln. Oberkante wieder 2-mal 2 cm einschlagen, eventuell erneut bügeln und entlang der Fransenborte absteppen.

dtv
Catherine

Blumenbroschen

MATERIAL

- *gewalkter Wollstoff: 10 x 60 cm*
- *8 – 10 Pailletten, ca. 8 mm Ø*
- *Sicherheitsnadel, ca. 3 cm lang*

Schnittmuster 6 – 8

Größe: Ø ca. 10 cm

ZUSCHNITT

Von den Schnittteilen (siehe Bogen) Schablonen anfertigen.
Kleines und großes Blatt je 5-mal, Kreis 1-mal zuschneiden.

NÄHEN

An den geraden Kanten der Blätter jeweils eine Falte legen (x trifft dabei auf o) und mit der Maschine festnähen.

Die kleinen Blätter zum inneren Blütenkreis zusammennähen, dabei überlappen sich die Blätter und werden in der Blütenmitte von Hand festgenäht.

Die großen Blätter versetzt hinter die kleinen Blätter nähen.

Pailletten (oder Perlen oder eine eingerollte Rüsche) in die Blütenmitte nähen, sodass die Handstiche verdeckt werden.

In der Mitte der Blütenrückseite den Kreis mit Langettenstichen (siehe Abb. unten) aufnähen, um die Blattansätze zu verdecken.

Blüte mit einer Sicherheitsnadel befestigen.

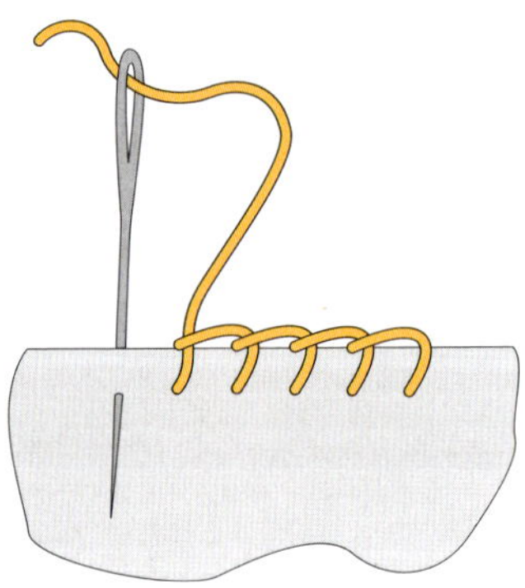

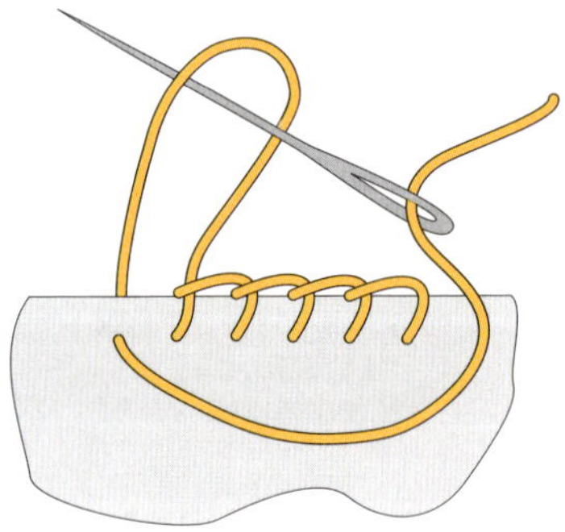

Perlenketten

MATERIAL

- *changierender Organza, 140 cm breit: je nach Kettenlänge (s. Zuschnitt) 10 – 20 cm*
- *Holzperlen, Ø 11 oder 16 mm,*
- *für eine kurze Kette: 19 Stück, für eine lange Kette: 38 Stück*
- *je Kette eine Schmuckkappel mit Karabinerverschluss, Ø 12 mm*
- *Heißklebepistole*

ZUSCHNITT

Kurze Kette mit kleinen Perlen:
1 Streifen à 5 cm über die gesamte Stoffbreite zuschneiden.
Kurze Kette mit großen Perlen:
1 Streifen à 6,5 cm über die gesamte Stoffbreite zuschneiden.
Lange Kette mit kleinen Perlen:
2 Streifen à 5 cm über die gesamte Stoffbreite zuschneiden.
Lange Kette mit großen Perlen:
2 Streifen à 6,5 cm über die gesamte Stoffbreite zuschneiden.

NÄHEN

Für die langen Ketten die beiden Stoffstreifen an 2 Schmalseiten mit 0,5 cm Nahtbreite rechts auf rechts zusammennähen und die Nahtzugaben auseinander bügeln.

Für alle Ketten: Längskanten der Stoffstreifen rechts auf rechts aufeinander legen, mit Quernadeln feststecken und mit 0,5 cm Nahtbreite nähen.

Den Schlauch mithilfe einer Sicherheitsnadel wenden.

Erste Perle bis zur Mitte in den Schlauch schieben – an den langen Ketten ist das die Ansatznaht der Streifen – und zu beiden Seiten der Perle einen Knoten binden. Eine weitere Perle durch den Schlauch bis zum Knoten schieben und hinter der Perle erneut einen Knoten binden. So zu beiden Seiten fortfahren, bis die gewünschte Kettenlänge erreicht ist.

Als weitere Variante eventuell leere Schlauchstücke zwischen den Perlen abbinden (siehe Foto).

Die Schlauchenden jeweils verknoten und mit Heißkleber in den Verschluss kleben.

Tasche mit Rüsche

MATERIAL

- *gewalkter Wollstoff, 140 cm breit: 20 cm*
- *Rüsche, ca. 1,5 cm breit: 1 m*

Schnittmuster 9

Größe: 22 x 16 cm

ZUSCHNITT

Von der Taschenwand (s. Bogen) Schablone anfertigen. Taschenwand 2-mal zuschneiden. Einen Streifen für den Henkel à 82,5 x 4 cm und eine Verstärkung für den Henkel à 42 x 4 cm zuschneiden.

NÄHEN

Da der gewalkte Stoff nicht versäubert werden muss, werden alle Teile offenkantig aufeinander genäht.

Verstärkungsstreifen links auf links mittig auf den Henkel legen und entlang den Schnittkanten schmal (= ca. 3 mm breit) absteppen.

Die Enden des Henkels 0,5 cm übereinander legen und den Henkel zum Ring zusammennähen.

Henkel links auf links an die Kante mit Rundung einer Taschenwand heften, Rüsche dazwischenfassen. Die Naht des Henkels liegt in der unteren Mitte, die Verstärkung des Henkels beginnt genau oberhalb der Taschenwand. Teile schmal (= ca. 3 mm breit) zusammensteppen. Die 2. Taschenwand entsprechend annähen.

Die Blume mit zusammengerollter Rüsche in der Mitte arbeiten (siehe Anleitung Seite 38) und an der Taschenvorderseite von Hand festnähen.

Handytasche

MATERIAL

- *gewalkter Wollstoff: 10 x 35 cm*
- *Rüsche, ca. 1,5 cm breit: 40 cm*
- *2 Druckknöpfe, Ø 10 mm*

Größe: ca. 8 x 12 cm

ZUSCHNITT

1 Rechteck à 8 x 17 cm (= Rückteil mit Klappe)
1 Rechteck à 8 x 11 cm (= Vorderteil)
1 Streifen à 1,5 x 8 cm

NÄHEN

Vorderteil und Streifen links auf links auf das Rückteil stecken oder heften, dabei die Rüsche dazwischenfassen. (siehe Abb. unten)

Seiten- und Unterkante des Vorderteils und Oberkante des Streifens schmal (= ca. 3 mm breit) absteppen. 2 Druckknopfteile auf den Streifen nähen, die beiden anderen Knopfteile so auf dem Vorderteil platzieren, dass die Tasche richtig schließt.

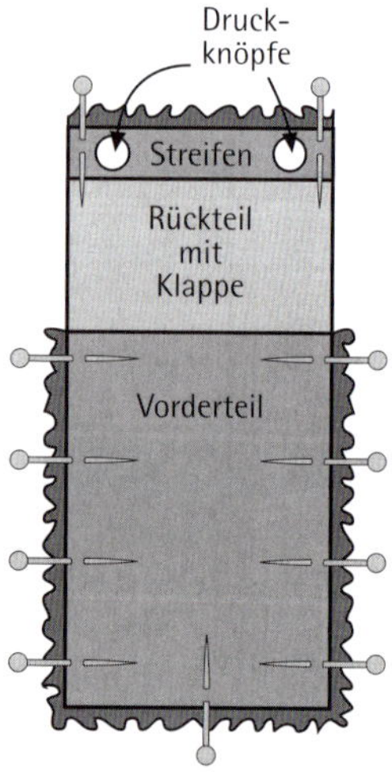

Materialangaben und Anleitung für die Blumenbrosche siehe Seite 38, für die Kette siehe Seite 40, für die Stulpen siehe Seite 44.

Stulpen

Flache Stulpen

MATERIAL

- *gewalkter Wollstoff: 20 x 60 cm*
- *Rüsche, ca. 1,5 cm breit: 45 cm*

Schnittmuster 10 + 11

ZUSCHNITT

Schnittteile 10 und 11 vom Bogen abnehmen.
Teil 10 (= Mittelteil) 2-mal zuschneiden.
Teil 11 (= Seitenteil) 4-mal – je 2 gegengleiche Teile – zuschneiden.

NÄHEN

Je 2 gegengleiche Seitenteile 0,5 cm weit unter ein Mittelteil legen, sodass die Nahtzahlen 1 auf 1 und 2 auf 2 treffen, Kanten knapp absteppen.

Rüsche unter die Oberkante der Stulpe stecken und festnähen.

Seitenteile jeweils links auf links aufeinander stecken (Nahtzahlen 3 + 4 treffen aufeinander) und schmal absteppen.

Mit Außennähten

MATERIAL

- *gewalkter Wollstoff: 20 x 60 cm*

Schnittmuster 12 – 14

ZUSCHNITT

Schnittteile 12 – 14 vom Bogen abnehmen.
Teil 12 2-mal zuschneiden.
Teil 13 und 14 je 4-mal – dabei je 2 gegengleiche Teile – zuschneiden.

NÄHEN

Die Teile immer links auf links aufeinander legen und knapp (= ca. 3 mm breit) absteppen, sodass die Nahtzugaben nach außen zeigen.

Für eine Stulpe je 2 gegengleiche Zwischenteile an das Mittelteil und dann 2 gegengleiche Seitenteile an die Zwischenteile nähen, sodass die gleichen Nahtzahlen jeweils aufeinander treffen.

Zum Schluss die beiden Seitenteile aufeinander nähen (Nahtzahlen 5 + 6 treffen aufeinander).

Poncho & Schal

Poncho

MATERIAL

- *Strickstoff oder dehnbarer Wollstoff, 140 cm breit: 70 cm*
- *Rest passendes Wollgarn, Stärke 3 – 4 (zum Umstechen des Halsausschnitts)*
- *1 Knopf, Ø ca. 10 mm, für die Blütenmitte*

Schnittmuster 15 – 18

Länge: ca. 57 cm

ZUSCHNITT

Poncho 1-mal im Stoffbruch zuschneiden, dabei die Abnäher markieren, siehe Seite 8.

Für die Blüte je 1-mal Schnittteile 16 – 18 zuschneiden.

NÄHEN

Schnittkanten an der hinteren Naht versäubern.
Hintere Naht mit 2 cm Nahtbreite schließen.

Nahtzugaben auseinander bügeln.
Abnäher schließen und bügeln.

Die Halsausschnittkante mit 1 cm Abstand und die Saumkante mit 6 cm Abstand zur Schnittkante absteppen.

Die Halsausschnittkante mit großen Langettenstichen (siehe unten) umstechen.

Die Saumkante bis zur Steppnaht ausfransen und jeweils 5 – 8 Fäden zusammenknoten, sodass die Knoten dicht an der Steppnaht sitzen.

Blütenteile 16 – 18 aufeinander legen, den Knopf in die Mitte und die Teile zusammennähen, dann die Blüte mit ein paar Stichen am Poncho festnähen.

Schal

MATERIAL

- *grober Wollstoff, 150 cm breit: 25 cm*

Größe: 25 x 150 cm

ZUSCHNITT

Den Stoffstreifen auf eine gleichmäßige Breite von 25 cm zurechtschneiden.

NÄHEN

Die Schmalseiten ca. 8 – 9 cm weit ausfransen und jeweils 5 – 8 Fäden zusammenknoten, dabei die Knoten an den Fransenansatz schieben.

Die Längskanten mit 1 cm Abstand zur Schnittkante mit Zickzack-Stich absteppen und bis zur Naht ausfransen.

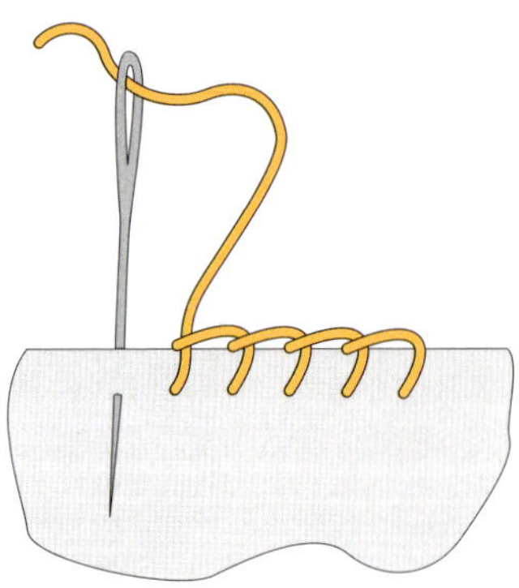

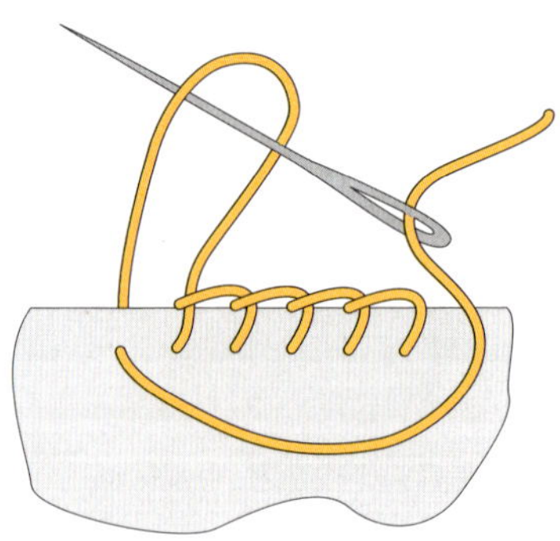

Chiffonschal

MATERIAL

- *Chiffon oder ein anderer leicht fließender Stoff, 140 cm breit: 40 cm*

Größe: ca. 38 x 138 cm

ZUSCHNITT

Den Stoffstreifen fadengerade auf eine Größe von 40 x 140 cm zuschneiden.

NÄHEN

Den Zickzack-Stich der Nähmaschine auf 2 mm Breite und eine Stichlänge von 2 – 2,5 einstellen. Ist der Stich zu dicht eingestellt, wird die Kante zu steif.

Die Schnittkanten 1 cm breit nach links umbügeln.

Schal mit der rechten Stoffseite nach oben unter den Nähfuß legen, umgebügelter Saum zeigt nach unten.

Mit dem Zickzack-Stich rundherum an der Kante entlang nähen, sodass die Nadel an der rechten Seite immer ganz knapp neben dem Stoff auftrifft und so die Kante von der Naht umschlossen wird.

Den umgebügelten Saum vorsichtig bis zur Zickzack-Naht zurückschneiden.

Topflappen

Abbildung Seite 55

MATERIAL für 2 Topflappen

- *Baumwollstoff, 90 cm breit: 20 cm*
- *Volumenvlies, z. B. Thermolam, 114 cm breit: 20 cm*
- *vorgefalztes Schrägband, Falzung 40/20, fertige Breite 10 mm: 1,9 m*

Schnittmuster 19

Größe: ca. 17 x 21 cm

ZUSCHNITT

Je 4 Rechtecke à 20 x 23 cm aus Stoff und aus Thermolam zuschneiden.

NÄHEN

Je 2 Rechtecke aus Volumenvlies auf die linke Seite eines Stoffrechtecks legen.

Die übrigen Stoffrechtecke ebenfalls mit der linken Seite auf das Volumenvlies legen.

Lagen aufeinander stecken.

Mit Kreide diagonale Linien in einem Abstand von 4 cm auf eine Seite des Topflappens zeichnen, dabei die Kreide nur so dünn auftragen, dass sich die Reste nachher wieder gut abbürsten lassen.

Die vorgezeichneten Linien nachsteppen.

Mithilfe des Schnittteils vom Bogen die Topflappen auf die richtige Größe zurechtschneiden.

Das Schrägband rundherum um die Schnittkante heften, dabei an der Markierung in Pfeilrichtung beginnen. An den Ecken das Schrägband an der Außenkante etwas dehnen, damit es sich an der Innenkante gut aufsteppen lässt. (Schrägband aufnähen siehe Seite 9)

Für die Schlaufe das Schrägband über den Ansatz hinaus bis zur Ecke und dann noch 10 cm weiterlaufen lassen.

Schrägband rundherum absteppen, dabei wieder an der Markierung beginnen und nach der Runde an der Schlaufe gerade weitersteppen.

Das Schlaufenende schmal einschlagen und am Topflappen annähen. (siehe Markierung)

Tellerrock

MATERIAL

- *Satin, 140 cm breit: 1,40 m Die angegebenen Maße reichen für einen Rock bis 52 cm Länge.*
- *Gummiband, ca. 5 mm breit, in der Länge der Taillenweite minus 3 cm*
- *Taschenrechner*

Berechnung der Kreisradien:
Hüftweite messen.
Hüftweite + 6 cm = Umfang des Innenkreises.
Umfang des Innenkreises geteilt durch 6,28 = Radius des Innenkreises.
Radius des Innenkreises + gewünschte Rocklänge + 2 cm = Radius des Außenkreises.
Beispiel für einen Rock in Größe 38 (Hüftweite = 94 cm), gewünschte Länge = 50 cm:
94 cm + 6 cm = Umfang des Innenkreises = 100 cm.
100 cm: 6,28 = 15,9 cm = Radius des Innenkreises.
15,9 cm + 50 cm + 2 cm = 67,9 cm = Radius des Außenkreises.

ZUSCHNITT

Stoffquadrat genau zum Viertel legen und die beiden errechneten Radien ab der Ecke ohne offene Schnittkanten (= Stoffmitte) mit dem Maßband abmessen und anzeichnen. (siehe Abb. rechts)

Markierungen zur Linie verbinden und Kreise entlang der Linie ausschneiden.

NÄHEN

Innenkreis (= Taillenausschnitt) versäubern und für den Tunnel den Stoff 1 cm nach links umbügeln und mit Quernadeln feststecken.

Den Tunnel mit 0,8 cm Nahtbreite absteppen, dabei eine 2 cm breite Öffnung lassen.

Gummiband mithilfe einer Sicherheitsnadel einziehen, die Enden 2 cm übereinander legen und mit der Maschine fest steppen.

Tunnelöffnung schließen.

Den Rocksaum 2-mal 0,5 cm breit umbügeln, dabei darauf achten, dass die Kante nicht gedehnt wird.

Den Saum mit Quernadeln feststecken und absteppen.

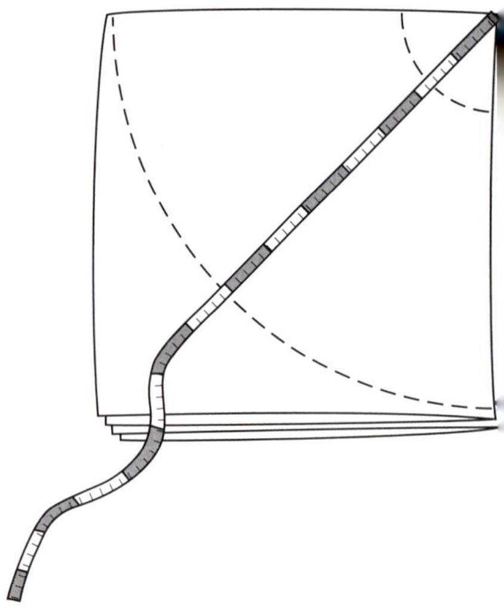

Duftsäckchen

MATERIAL je Säckchen

- *Rest Baumwollstoff: 24 x 18,5 cm*
- *Satinband, 0,5 cm breit: 35 cm*
- *Spitzen und Rüschenband nach Wunsch: ca. 24 cm*

Größe: ca. 11 x 14 cm

ZUSCHNITT

1 Rechteck à 24 x 18,5 cm zuschneiden.

NÄHEN

Schnittkanten rundum versäubern.

Rüsche oder Spitze entweder 1 cm oberhalb der Unterkante (= Längsseite) oder 5,5 cm unterhalb der oberen Schnittkante (dann liegt sie unterhalb des Tunnels) aufnähen.

Die Oberkante 3,5 cm breit nach links umbügeln und wieder auseinander falten.

Das Rechteck rechts auf rechts zur Hälfte falten, sodass die Seitenkanten (= Schmalseiten) aufeinander liegen.

Seiten- und Unterkante mit 1 cm Nahtbreite steppen, dabei an der Seitennaht 5,5 cm unterhalb der Oberkante eine 1 cm große Öffnung lassen.

Nahtzugaben auseinander bügeln.

Beutel wenden und die Kanten ausbügeln.

Oberkante wieder 3,5 cm breit nach links einschlagen, eventuell noch einmal bügeln und im Abstand von 2 und 3 cm parallel zur Bruchkante absteppen, sodass die Öffnung der Seitennaht zwischen den Stepplinien liegt.

Satinband mithilfe einer Sicherheitsnadel durch den Tunnel ziehen und die Bandenden mit Knoten sichern.

Schürzen mit Topflappen

Schürzen

MATERIAL

- *Baumwollstoff, 115 cm breit: 60 cm*
- *vorgefalztes Baumwollschrägband, 20 mm, Falzung 40/20, fertige Breite 10 mm: 5 m*

Schema siehe rechts

Größe: ca. 56 x 80 cm

ZUSCHNITT

Den Stoff rechts auf rechts zur Hälfte legen (= 30 x 115 cm). Die Maße vom Schema mit Lineal oder Zentimetermaß und Schneiderkreide auf den Stoff übertragen.

Schürze zuschneiden, Saumkante nach Belieben abrunden.

Für die Tasche (nur hellblaue Schürze) ein 18 x 21 cm großes Rechteck zuschneiden.

NÄHEN

Halskante, Seiten und Unterkante mit Schrägband einfassen (siehe Anleitung auf Seite 9).

Zum Einfassen der Schrägen, für die Halsschlinge und die Bindebänder 2,6 m Schrägband abschneiden. Die Mitte des Bandes markieren und zu beiden Seiten 25 cm abmessen (= Halsschlinge). Ab hier das Band von oben an die Schrägen der Schürze heften, dabei darauf achten, dass sich die Halsschlinge nicht verdreht. Unterhalb der Schrägen stehen jeweils 70 cm als Bindebänder über.

Schrägband schmal absteppen, an den Bindebändern und der Halsschlinge nur die Bruchkanten des Schrägbandes schmal aufeinander steppen.

Enden der Bindebänder mit einem Knoten versehen.

Für die hellblaue Schürze die Oberkante der Tasche mit Band einfassen.

Einen 20 cm langen Streifen Schrägband zur Hälfte bügeln und 1,5 cm unterhalb des Einfassbandes auf die Tasche stecken und an beiden Kanten schmal absteppen.

Seiten- und Unterkante der Tasche 1 cm breit nach links umbügeln.

Die Tasche laut Schema auf die Schürze stecken und schmal in Füßchenbreite absteppen.

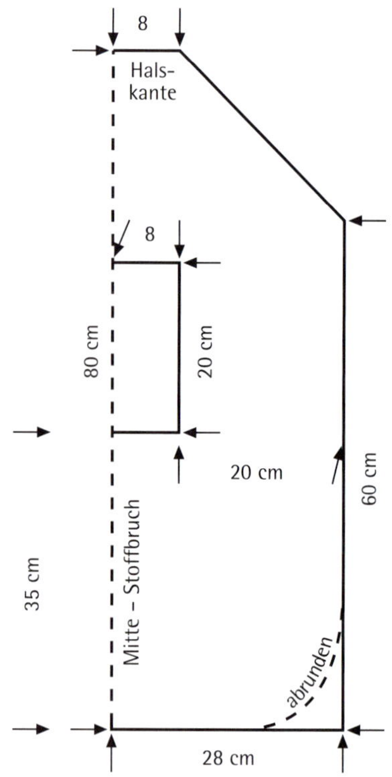

Materialangaben und Anleitung für die Topflappen siehe Seite 48.

Wärmflaschenhülle

MATERIAL

- *Nickistoff, 140 cm breit: 45 cm*
- *Satinband, 5 mm breit: 70 cm*

Schnittmuster 20 + 21

Größe: ca. 22 x 37 cm

ZUSCHNITT

Bezug (Teil 20) und Umschlag (Teil 21) je 2-mal zuschneiden.

NÄHEN

Alle Schnittkanten versäubern.

Bezugteile rechts auf rechts aufeinander stecken und mit 1 cm Nahtbreite steppen, dabei die Oberkante und an der Seite einen Durchzug offen lassen.

Nahtzugaben an der Markierung (s. Schnitt) bis kurz vor die Naht einschneiden.

Umschlagteile rechts auf rechts aufeinander stecken und die Seitenkanten mit 1 cm Nahtbreite steppen.

Nahtzugaben auseinander bügeln.

An der Oberkante Bezug und Umschlag rechts auf rechts aufeinander stecken und mit 1 cm Nahtbreite absteppen.

Umschlag auf die andere Seite wenden und die Oberkante bügeln.

Umschlag glatt auf den „Hals" des Bezugs stecken und den Tunnel für das Satinband absteppen.

Bezug wenden und die Kanten ausbügeln.

Satinband mithilfe einer Sicherheitsnadel einziehen, Bandenden mit Knoten sichern.

Herzkissen

MATERIAL

- *Nickistoff oder bedruckter Jeansstoff: 30 x 65 cm*
- *Füllwatte*

Schnittmuster 22

Größe: 30 x 28 cm

ZUSCHNITT

Schnittteil 22 2-mal zuschneiden.

NÄHEN

Herzteile rechts auf rechts aufeinander stecken und mit 1 cm Nahtbreite steppen, dabei an einer geraden Seite eine 8 cm große Wendeöffnung lassen.

An den Rundungen im Abstand von ca. 0,5 cm und an der oberen Markierung die Nahtzugabe bis kurz vor die Naht einschneiden, an der unteren Spitze die Ecken wegschneiden (siehe Schnitt).

Kissen wenden und die Kanten ausbügeln.

Kissen füllen und zum Schluss die Öffnung mit Staffierstichen (siehe unten) schließen.

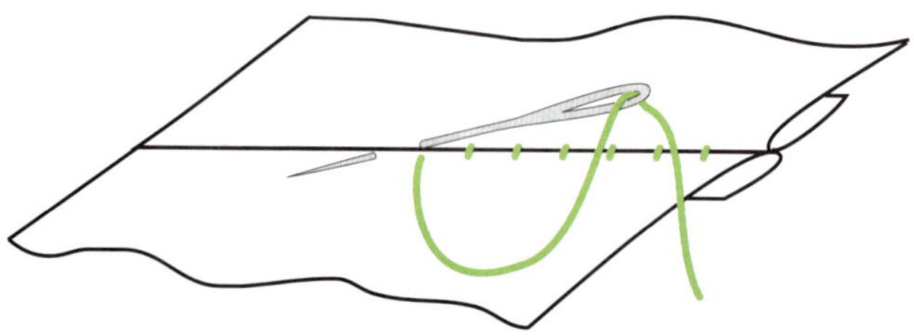

Zeitungshalter

MATERIAL

- *fester Baumwollstoff (z. B. Jeans), 140 cm breit: 90 cm*

Größe: ca. 40 x 74 cm

ZUSCHNITT

1 Rechteck à 44 x 82 cm, 3 Rechtecke à 24 x 38 cm (= Schlaufen) und 1 Rechteck à 29 x 26 cm (= Taschen) zuschneiden.

NÄHEN

Das große Rechteck an den Seitenkanten (= Längskanten) und der Unterkante je 2-mal 1 cm breit umbügeln.

An den unteren Ecken Briefecken nähen (siehe Seite 18).

Die umgebügelten Kanten absteppen. Die Oberkante für den Tunnel zur Aufhängung 1 und 5 cm breit umbügeln und absteppen.

Für die Schlaufen an den Rechtecken jeweils die Seitenkanten (= Längsseiten) 2-mal 1 cm breit umbügeln und absteppen.

Schlaufen links auf links zur Hälfte falten, sodass die offenen Schnittkanten aufeinander liegen.

Schnittkanten jeweils zusammen versäubern und 0,5 cm breit nach links umbügeln (= Oberkante der Schlaufe).

Schlaufen mithilfe des Schemas auf dem großen Rechteck feststecken und an der Oberkante aufnähen.

Für die Taschen das Rechteck rechts auf rechts zur Hälfte falten (= 29 mal 13 cm) und die Schmalseiten 1 cm breit absteppen.

Nahtzugaben zusammen versäubern. Tasche wenden.

Oberkante ringsum 2-mal 1 cm breit nach links umbügeln und absteppen.

Tasche laut Schema auf dem großen Rechteck feststecken und an den Seiten und der Mitte aufsteppen, sodass 2 Taschen entstehen.

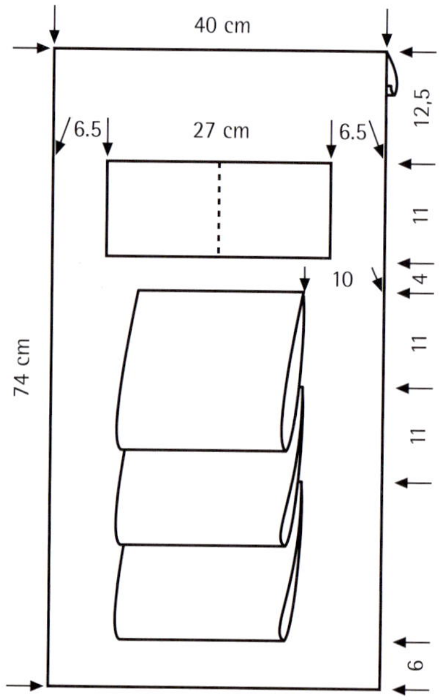

Impressum

ISBN-13: 978-3-419-53344-4
ISBN-10: 3-419-53344-6

Textredaktion & Zeichnungen: Beate Schmitz, Stegen

Styling und Fotos: Roland Krieg, Waldkirch

Covergestaltung und Layoutentwurf: Network!, München

Gesamtproduktion: art und weise, Freiburg

Druck: Himmer, Augsburg 2006